Katharina Schneider

Die Bernwardssäule von Hildesheim

GRIN Verlag

Bibliografische Information der Deutschen Nationalbibliothek:

Die Deutsche Bibliothek verzeichnet diese Publikation in der Deutschen National-
bibliografie; detaillierte bibliografische Daten sind im Internet über http://dnb.d-
nb.de/ abrufbar.

Impressum:

Copyright © 2012 GRIN Verlag GmbH
Druck und Bindung: Books on Demand GmbH, Norderstedt Germany
ISBN: 978-3-656-81889-2

Dieses Buch bei GRIN:

http://www.grin.com/de/e-book/282804/die-bernwardssaeule-von-hildesheim

Universität Hamburg
Fachbereich Kulturgeschichte und Kulturkunde
Kunstgeschichtliches Seminar
Skulptur im Mittelalter - Eine Einführung

Die Bernwardsäule von Hildesheim

Katharina Schneider

Inhaltsverzeichnis

1. Die Bernwardsäule

Um 1020 ließ der Hildesheimer Bischof Bernward eine 3,79 m hohe Bronzesäule mit einem Durchmesser von 0,58 m und einem umlaufenden Reliefband von 0,45 m Höhe anfertigen.[1]
Sie steht im Hildesheimer Dom. Ursprünglich wurde die Christussäule für St. Michael geschaffen, eine Kirche, die von Bernward gegründet wurde und auch seine Grabstätte ist.[2]
Die Säule beruft sich auf prominente Vorbilder, die Bernward auf seiner Romreise gesehen haben soll, auf die steinernen Triumphsäulen der Kaiser Trajan und Marc Aurel.[3] Sie ist reich mit Reliefs geschmückt, während aber die römischen Säulen reportagenhaft Kriege und Siege der Weltmacht im Kunstwerk zum Thema haben, so berichtet die bernwardische über die Friedenstaten Jesus.[4] In Konstantinopel gab es in spätantiker Zeit derartige Säulen, die als Triumphsäulen konzipiert wurden und stattliche Dimensionen aufwiesen. Auf ihrer Spitze befand sich meist ein Kreuz und auch die Bernwardsäule trug ursprünglich ein bronzenes Kruzifix. Allerdings wurde sie während der Reformationswirren in Hildesheim von Bilderstürmern 1544 ihres bekrönenden Kreuzes beraubt.[5] Dieses wurde zu einer Kanone eingeschmolzen, was für eine beträchtliche Größe des Kreuzes spricht.[6] Dass der Rest der Säule in der Folge nicht eingeschmolzen wurde, verdankt sie vor allem ihrer jahrhundertelangen Rolle als Berührungsreliquie, da man sie vom hl. Bernward persönlich angefertigt glaubte.[7] 1870 erhielt sie durch den Hildesheimer Bildhauer Karl Küsthardt ein neues Bronzekapitell, das dem Holzkapitell oder dessen Abbildung nachgestaltet ist und dadurch mittelbar das Aussehen des alten Bronzekapitells bewahrt, das auf einem Kämpferblock den Bronzekruzifixus gehalten hatte.[8] 1893 gelangte die Christussäule in den Hildesheimer Dom.[9] Am 30. September 2009 ist sie für die Dauer der Domsanierung, voraussichtlich bis Dezember 2013, zurück in die Michaeliskirche gebracht worden.

---

[1] Victor H. Elbern, Der Hildesheimer Dom : Architektur, Ausstattung, Patrozinien, Hildesheim 1973.
[2] Elbern (wie Anm.1), S. 57.
[3] Elbern (wie Anm.1), S. 57.
[4] Elbern (wie Anm.1), S. 57.
[5] Bernhard Gallistl, Die Bernwardsäule und die Michaeliskirche zu Hildesheim ,Hildesheim 1993.
[6] Gallistl (wie Anm.5), S. 38.
[7] Gallistl (wie Anm.5), S. 38.
[8] Gallistl (wie Anm.5), S. 98.
[9] Gallistl (wie Anm.5), S. 38.

2. Komposition der Säule

Die freistehende Säule hat einen kreisrunden Querschnitt und gliedert sich in Basis, Schaft und Kapitell. Sie entspricht dem Schema eines typischen Rundpfeilers. Betrachtet man die Säule, sieht man, dass sie von einer etwa 6 cm dicken Spirale umschlungen ist. Diese Spirale umwindet den Schaft achtfach in linksläufiger Richtung.[10] Dazwischen läuft das etwa 45 cm breite Reliefband. Hinter mehreren verschiedenen Handwerkerhänden, die zu erkennen sind, erscheint in den Reliefs der Gesamtentwurf völlig einheitlich.[11] Als Monument ist die Christussäule schmal gehalten und vor allem in die Höhe gezogen. Die Bernwardsäule steht mit ihrer Basis auf einer quadratischen Plinthe, an deren Ecken vier Personen zu sehen sind. Auf dem Reliefband, welches sich linksläufig nach oben windet, befinden sich 28 Szenen mit verschiedenen Handlungen. Auf dem Kapitell sind wieder vier Personen zu sehen.[12] Auf der Plinthe der Säule sitzen, nach Art antiker Flussgottheiten, vier Sockelfiguren. Die personifizierten Hauptflüsse des Paradiesstromes, die sogenannten Paradiesflüsse Pischon, Gihon, Tigris und Eufrat.[13] Auf einem Bein kniend, das andere vorgestellt, lassen sie aus ihren Gefäßen, die sie mit beiden Händen fest in ihren Armen halten, Wasser hervorquellen, das gleichmäßig, ohne dass eine Hauptströmung festzustellen ist, nach beiden Seiten hin abfließt, so dass sich ihre Wasser miteinander vermischen.[14] Nur eine Paradiesflussfigur ist vollständig erhalten, zwei sind ohne Kopf und eine fehlt ganz. Die Stellung der drei noch vorhandenen Figuren lässt auf eine paarweise Anordnung schließen.[15] Die Paradiesflussfiguren tragen alle die gleiche Kleidung; ein bis zu den Knien reichendes Gewand mit langen geringelten Ärmeln und darüber einem Überwurf, dessen schürzenartige Vorderseite zusammen mit dem Wassergefäß das Christuszeichen X bildet. Die Paradiesflussfiguren haben eine hermeneutische Funktion.[16] Sie weisen darauf hin, dass die zwischen ihnen sich erhebende Säule den Stamm jenes Lebensbaumes versinnbildlicht, "der nach Genesis in der Mitte des Gartens steht" (Gen 3,3), an der Stelle, an der sich auch der in der Säulenbasis angedeutete Paradiesberg befindet.[17] Dort entspringt der Paradiesstrom, der dem Baum des Lebens das lebensnotwendige Wasser gibt. Durch das erste Relief, das zeigt, wie seine Fluten dem Jordan das Wasser für die Taufe

---

[10] Elbern (wie Anm.1), S. 57.

[11] Elbern (wie Anm.1), S. 57.

[12] Elbern (wie Anm.1), S. 57.

[13] Bernhard Bruns , Die Bernwardssäule : Lebensbaum und Siegessäule, Hildesheim 1995.

[14] Bruns (wie Anm.13), S. 29.

[15] Bruns (wie Anm.13), S. 29.

[16] Bruns (wie Anm.13), S. 29.

[17] Bruns (wie Anm.13), S. 11.

Jesu zuführen, ist er auch unmittelbar in den Säulenzyklus einbezogen.[18] Wie die vier Paradiesflüsse ist auch der Jordan als männliche Person dargestellt, die allerdings keinen Bart trägt und sich damit als jünger erweist.[19]

Das gesamte Werk ist einzigartig und eine Flächenkunst an einem dreidimensionalen Objekt. Die Bilder der Säule zeigen eine große Raumtiefe, die Figuren haften fest am Grund, haben einen festen Stand und sind dicht zusammengestellt; die Körper wirken weniger plastisch, sondern durch die darübergezogenen scharfen Faltenlinien "entmaterialisiert".[20] Ein einheitlicher Reliefstil von gleichbleibender Reliefhöhe und einem glatten Grund ist zu erkennen. Die hervorgehobene Oberfläche macht deutlich, dass es sich bei der Säule um ein Monument mit Repräsentationscharakter handelt, das den Betrachter vor allem in seiner Kulissenwirkung beeindrucken soll. Das Reliefband ist durchlaufend und weist keinerlei Trennungen der einzelnen Szenen auf, wie z.B. üblicherweise durch Säulen oder Bäume. Hier findet eine kontinuierbare Erzählweise statt. Die Reliefszenen sind aber nicht einfach lose aneinandergereiht, sondern gut durchdacht miteinander verbunden.[21] Lediglich die Anordnung der Figuren und der richtungsweisende Gestus der ausgestreckten Hand weisen auf einzelne Szenen und Überleitungen zum nächsten Relief hin.[22] Schließt eine Szene ab, stehen die Personen Rücken an Rücken und nicht wie innerhalb der Szenen einander zugewandt.

Das Reliefband enthält folgende Szenen, von rechts unten nach links oben gelesen: beginnend mit der Taufe Christi im Jordan, Christi Versuchung in der Wüste, Berufung der Söhne des Zebedäus (Petrus/Andreas), Hochzeit zu Kana, Heilung des Aussätzigen, Aussendung der Apostel, Christus und die Samariterin am Jakobsbrunnen, Geschichte Johannes des Täufers (vor König Herodes und Herodia, Gefangennahme und Enthauptung, Tanz der Salome und Übergabe des Hauptes) Heilung der blutflüssigen Frau, Heilung des Blindgeborenen, Christus und die Ehebrecherin, Auferweckung des Jünglings von Naim, Verklärung Christi, Christus vor den Pharisäern, Gleichnis vom reichen Prasser und dem armen Lazarus, Christus und Zachäus, Verfluchung des unfruchtbaren Feigenbaumes, Heilung der zwei Blinden, Rettung des Petrus aus dem Meere, Speisung der Fünftausend, Auferweckung des Lazarus (Nebenszene: Christus tröstet die Schwestern), Gastmahl in Bethanien und endend mit dem Einzug in Jerusalem.[23]

---

[18] Bruns (wie Anm.13), S. 11.

[19] Bruns (wie Anm.13), S. 11.

[20] Bruns (wie Anm.13), S. 24.

[21] Bruns (wie Anm.13), S. 24.

[22] Bruns (wie Anm.13), S. 25.

[23] Bruns (wie Anm.13), S. 26.

In der ersten Szene, in der das Thema der Göttlichkeit Jesu angeschlagen wird, „Die Taufe von Jesu im Jordan", ist der Jordan als bartlose ältere Person dargestellt.[24] Mit angezogenen, „wellenförmigen" Beinen sitzt er auf dem Boden und lässt Wasser aus einem Krug strömen.[25] Dieses Wasser türmt sich zu einem Berg mit sieben übereinanderliegenden Wellen auf. Der Krug ist einer Röhre ähnlich und an beiden Seiten geöffnet.[26] Der aus dem Wasser emporragende Jesus und die auf ihn zu fliegende Taube sind frontal zum Betrachter dargestellt.[27] Die abgewinkelten und ausgespannten Flügel der Taube ergeben die Form eines Kreuzes.[28] Auch die Struktur des Gefieders ist durch das Zeichen eines Kreuzes geprägt. Jesus hat seine herunterhängenden Arme eng an den Körper gelegt und scheint in Gedanken versunken.[29] Links neben Jesus befindet sich Johannes der Täufer. Mit den Fingerspitzen seiner rechten Hand berührt er den Nimbus und mit dem schräg in seiner Hand liegenden Mittelfinger weist er auf Jesus hin. Johannes hält seine linke Hand ehrfürchtig auf seiner Brust und die gespreizten Daumen zeigen nach oben, auf Falten in seiner Kleidung, die ein X ergeben.[30] Dieses X verbirgt sich auch in den untersten Wellen des Jordans.[31] Jesus Taufe im Jordan ist des öfteren mit der Salbung der Könige David und Salomo verglichen worden, so dass hier der Augenblick als seine messianische Königssalbung gelten kann.[32] Innerhalb der Säule sind drei Reliefgruppen auszumachen; Berufung und Vollendung, Anbetung und Verherrlichung, Leben und Tod.[33] Einen markanten Einschnitt markiert der Übergang der ersten zur zweiten Reliefgruppe, da Jesus dort nicht, wie in zuvor allen anderen Reliefs, selbst in Erscheinung tritt und die Szene in drei kleinere einzelne Szenen aufgegliedert ist.[34]

Durch die Rücken an Rücken-Ansicht wird deutlich, dass es hier zu einer neuen Szenerie kommt. Sie beginnt mit der Reliefszene „Das Martyrium des Täufers".[35] Johannes verharrt in einer Position, in der bis jetzt nur Jesus zu sehen war. Erhaben und die anderen Personen durch seine Körpergröße überragend. Ehrwürdig, durch die erhobene Hand mahnend und von

---

[24] Bruns (wie Anm.13), S. 37.
[25] Bruns (wie Anm.13), S. 37.
[26] Bruns (wie Anm.13), S. 37.
[27] Bruns (wie Anm.13), S. 38.
[28] Bruns (wie Anm.13), S. 38.
[29] Bruns (wie Anm.13), S. 38.
[30] Bruns (wie Anm.13), S. 39.
[31] Bruns (wie Anm.13), S. 39.
[32] Bruns (wie Anm.13), S. 39.
[33] Bruns (wie Anm.13), S. 28.
[34] Bruns (wie Anm.13), S. 67.
[35] Bruns (wie Anm.13), S. 67.

scheinbar innerem Licht durchglüht, steht der Prophet vor dem König Herodes und seiner Frau Herodia.[36] Herodes, der sich am Saum seines Umhanges festzuhalten scheint und seine Frau im Arm hält, ist Johannes zugewandt. Seine Frau empfängt ihn mit fast offenen Armen.[37] Herodes schaut Johannes nicht an, sein Blick ist dem Buch des Propheten zugewandt. Das Gelände, auf dem sich die Personen befinden, ist durch gegenläufige Feldstreifen kenntlich gemacht und der Ort, an dem Johannes steht, ist auf einem höheren Niveau als der Thron.[38] Im Blutzeugnis weist Johannes auf das Todesschicksal voraus, in das Jesus Leben einmünden wird. Herodes und seine Frau sind mit ihren Kronen als Träger weltlicher Herrschermacht gekennzeichnet und Johannes ermahnt Herodia, dass Herodes die Frau seines Bruders geheiratet hat.[39] Diese ist verbittert über die Mahnungen des Johannes.[40] Folgt man der Szene weiter, kommt man zur „Enthauptung". Zu sehen ist das Herablassen vom Täufer Johannes in das Kellerverlies, in dem seine Enthauptung stattfinden wird. Ein geflochtenes Seil umgibt das Haupt des Täufers. Dieser scheint im Gebet versunken und das Seil bildet eine Art Siegeskranz und ersetzt damit den fehlenden Nimbus.[41] Die Diener wirken durch ihre geneigte Haltung demütig und ehrfurchtsvoll.[42] Johannes befindet sich innerhalb der Mitte zweier Gebäudeteile.[43] Er ist frontal dargestellt und dass es sich um eine geschlossene Szene innerhalb einer großen Szene handelt, wird durch die symmetrische Anordnung der Personen, der Gebäude und des ringförmigen Seils verstärkt.[44] Johannes überragt nun nicht mehr die anderen Personen. Im Kellerverlies wird er enthauptet und das abgeschlagene Haupt wird in der nächsten Szene auf einer Schale vor die Speisenden gebracht.[45] Die Hände des Königs liegen flach auf dem Tisch und sind dabei, etwas zu halten. In der rechten Hand hält er einen Becher und in der linken ist ein Messer zu sehen. Sein Blick scheint ins Leere zu gehen. In der ihm präsentierten Schale liegt der abgeschlagene Kopf des Täufers. Dieser hat die Augen geöffnet und den Blick auf den König gerichtet. Die Königin erhebt ihre Hand, so als wolle sie die Richtung angeben, was mit dem Kopf nun geschehen soll.[46] Eigenmächtig und ohne auf den König zu hören, weisst sie auf

---

[36] Bruns (wie Anm.13), S. 67.

[37] Bruns (wie Anm.13), S. 68.

[38] Bruns (wie Anm.13), S. 69.

[39] Bruns (wie Anm.13), S. 68.

[40] Bruns (wie Anm.13), S. 69.

[41] Bruns (wie Anm.13), S. 70.

[42] Bruns (wie Anm.13), S. 70.

[43] Bruns (wie Anm.13), S. 70.

[44] Bruns (wie Anm.13), S. 70.

[45] Bruns (wie Anm.13), S. 72.

[46] Bruns (wie Anm.13), S. 72.

das nächste Bild hin, „ Der Tanz der Salome".[47] Hier ist eine tanzende Frau zu sehen, sie ist modisch gekleidet – und mit Schmuck und kostbaren Bordüren ausgestattet. Als Sinnbild weiblicher Verführungsmacht ähnelt Salome hier Darstellungen der "Luxuria", wie sie in den gleichzeitigen Illustrationen zum "Seelenkampf" des christlichen Römers Prudemills als trunkene Tänzerin erscheint.[48] Sie hat ihre Arme weit geöffnet und hört auf die Klänge des Flötenspiels. [49] In Gemeinschaft mit den beiden gekrönten Häuptern bildet Salome die Gefolgschaft des Bösen ab. Am Tisch, den sie umtanzt, feiert die Finsternis eines ihrer vernichtenden Feste. [50] Dieses ganze Szenario scheint eine eigene, in sich geschlossene Geschichte, die sich innerhalb des großen Christusepos abspielt, da der Künstler das Ereignis besonders ausführlich schildert.

In der letzten Szene auf dem Reliefband sieht man eine Person auf einem Esel. Diese Person ist Jesus bei seinem Einzug in Jerusalem und bildet den Abschluss des Reliefbandes.[51] Weitere Personen in der Szene breiten Kleider auf dem Weg aus, während wiederum andere mit Palmzweigen wedeln.[52] Vorher ist eine weitere Gruppe zu sehen, die Apostel mit Jesus. Zwei Personen führen den Zug an, der eine von ihnen trägt ein Buch und erhebt die rechte Hand im Gestus der Verkündigung.[53] Die Finger der linken Hand sind auf das Gewand gerichtet. Der verkündende Apostel ist Jacobus und korrespondiert mit der auf der linken, der vor Jesus fallenden Person.[54] Diese ist dabei, ihre Kleider auf dem Weg auszubreiten und erkennt die Verkündigung und Prophezeiung.[55] Jesus Weg nach Jerusalem führt in die Kirche des neuen Bundes, dargestellt durch die Gebäude am Ende des Reliefbandes.[56] Hier endet die Geschichte der Friedenstaten Jesus und auch das Reliefband endgültig. Von den ursprünglichen Bestandteilen des Säulenkunstwerks sind die Plinthe mit den Paradiesflussfiguren und der Säulenschaft mit dem spiralförmigen Reliefband fast vollständig erhalten geblieben. Das Kreuz, das ursprünglich auf dem Kapitell stand, wurde eingeschmolzen und durch ein Holzkapitell ersetzt.[57] Nachdem auch dieses abhanden gekommen war, erhielt die Säule 1871 wieder ein Bronzekapitell, das der Bildhauer Friedrich Küsthardt entworfen hat. Das bronzene

---

[47] Bruns (wie Anm.13), S. 73.

[48] Bruns (wie Anm.13), S. 73.

[49] Bruns (wie Anm.13), S. 73.

[50] Bruns (wie Anm.13), S. 74.

[51] Bruns (wie Anm.13), S. 140.

[52] Bruns (wie Anm.13), S. 139.

[53] Bruns (wie Anm.13), S. 140.

[54] Bruns (wie Anm.13), S. 140.

[55] Bruns (wie Anm.13), S. 140.

[56] Bruns (wie Anm.13), S. 140.

[57] Gallistl (wie Anm.5), S. 89.

Ersatzkapitell, das mit seinem unteren Blattwerk gut zur Lebensbaumsymbolik der Säule passt, hat an seinen vier Ecken geflügelte Engel, die frontal zum Betrachter schauen. Sie haben ihre Arme nach beiden Seiten hin ausgestreckt und halten in ihren Händen Medaillons, die sich zwischen ihnen auf den Seiten des Kapitells befinden und jeweils eine im Anbetungsgestus auf einem Berg kniende Person einrahmen.[58] Über das Aussehen des ursprünglichen Kapitells glaubte man bislang so gut wie nichts zu wissen. Jedoch fertigte Brandes Zeichnungen an, wie das Kapitell ausgesehen haben könnte.[59] Beim gegenwärtigen Stand der Forschung kann man über die ursprünglichen Bildinhalte des Säulenkapitells nur mehr oder weniger begründete Vermutungen anstellen. Als entscheidendes Kriterium für ihre Plausibilität hat dabei zu gelten, dass die Reliefdarstellungen am Kapitell mit den Darstellungen auf der Plinthe korrespondiert haben müssen.[60] Nach zurückgehender mittelalterlichen Typologie werden die vier Paradiesflüsse nicht nur den vier Kardinaltugenden, sondern auch den vier großen Propheten des Alten Testaments und den vier Evangelisten zugeordnet.[61] Es liegt deshalb Nahe, dass die Eckfiguren des Kapitells ursprünglich die Propheten und die Figuren in den von ihnen gehaltenen Medaillons die Evangelisten dargestellt haben.[62] Als Propheten können die Eckfiguren allerdings keine Flügel gehabt haben, die nur den Engeln und den Evangelistensymbolen zukommen.[63] Flügellose Eckfiguren am Kapitell würden zudem besser zu den Paradiesflussfiguren auf der Plinthe passen, die ebenfalls keine Flügel haben.[64] Sofern die Eckfiguren des Kapitells in ähnlicher Weise wie bei Brandes vermutet und auch dargestellt waren, hätten sie auch in dem, was sie tun, gut zu den Eckfiguren der Plinthe gepasst.[65] Die Paradiesflussfiguren strecken ihre "Wasserarme" nach beiden Seiten hin aus und sie treffen sich in der Mitte des Sockelrandes mit dem "Wasserarm" des benachbarten Flusses zusammen, so wie die Propheten ihre Arme nach beiden Seiten hin ausgestreckt haben und sich dann am Rundbild des Evangelistensymbols mit dem Arm des benachbarten Propheten treffen und mit dem sie zusammen das Rundbild tragen.[66] Auf diesem Kapitell soll sich ein Bronzekruzifix befunden haben, das Bernward auf der großen Säule im Mittelpunkt der Kirche aufstellen ließ. Mit dem sterbenden Jesus und zwei römischen Soldaten.[67]

---

[58] Gallistl (wie Anm.5), S. 89.
[59] Gallistl (wie Anm.5), S. 92.
[60] Gallistl (wie Anm.5), S. 93.
[61] Gallistl (wie Anm.5), S. 93.
[62] Gallistl (wie Anm.5), S. 93.
[63] Gallistl (wie Anm.5), S. 93.
[64] Gallistl (wie Anm.5), S. 93.
[65] Gallistl (wie Anm.5), S. 93.
[66] Gallistl (wie Anm.5), S. 93.
[67] Gallistl (wie Anm.5), S. 93.

3. Standort der Säule

Ein essenzieller Hinweis auf die liturgische Bedeutung der Christussäule ist ihre ursprüngliche Anbringung auf der zentralen Mittelachse der St.-Michaelis-Kirche in der Nähe des Kreuzaltares, da dort die Kommunion ausgeteilt und das Sakrament aufbewahrt wurde.[68]

Der Kreuzaltar in St. Michael befand sich am Beginn des Ostchors und hinter diesem erhob sich die Bronzesäule mit dem Triumphkreuz.[69] Der Standort unter dem Triumphbogen, den Gallistl aus den schriftlichen Quellen erschließt, wurde 2006 durch Grabungen bestätigt.[70] Vor dem Kreuzaltar stand eine kupferbeschlagene Marmorsäule, deren Stein aus dem östlichen Mittelmeerbereich stammt und die, späteren Quellen zufolge, ein Geschenk Ottos III. an Bernward war.[71] Damit ist eine Gleichsetzung des Kreuzaltars mit dem Opfertisch im Vorhof des salomonischen Tempels hergestellt, der ebenfalls zwischen zwei Säulen, den Bronzesäulen Jachin und Boas, gestanden hatte. Über der Christussäule hing bis 1662 ein großer Radleuchter mit dem Porphyrkrug in der Mitte, der, von der Hochzeit zu Kanaa stammend, ebenfalls ein Geschenk Ottos III. an Bernward war.[72] Diese Verbindung von Säulenkreuz, Altar und Jerusalemleuchter hatte ihr Vorbild im Golgota, den man mit dem Vorhof des Tempels gleichsetzte.[73] In seinem Testament hatte Bernward seine Michaelisstiftung selbst mit Salomos Tempelbau verglichen.[74] Die Bestimmung der Säule, Zentrum des Kirchenraumes zu sein, liegt im Symbol des Kreuzes Christi, in welches auch das alte mythologische Bild von der Weltsäule eingegangen ist, auf welcher der ganze Kosmos ruht.[75] Der mittelalterliche Kirchenbau ist schließlich als Sinnbild des Weltganzen angelegt, in dem Christus selbst die tragende Mitte ausmacht, in diesem Fall die Säule.[76]

Hieronymus beschrieb dieses über den 96. Psalm wie folgt:

„Der Herr ist König vom Holze aus. Den Erdkreis hat er zurechtgesetzt, dass er nicht wankt'.
Deshalb kam Christus und setzte die abgeirrte Menschheit zurecht, damit sie in Ewigkeit nicht
wanke. Das Kreuz nämlich ist die Säule des Menschengeschlechtes. Auf dieser Säule ist sein

---

[68] Gallistl (wie Anm.5), S. 130.
[69] Gallistl (wie Anm.5), S. 42.
[70] Gallistl (wie Anm.5), S. 42.
[71] Gallistl (wie Anm.5), S. 42.
[72] Gallistl (wie Anm.5), S. 42.
[73] Gallistl (wie Anm.5), S. 42.
[74] Gallistl (wie Anm.5), S. 42.
[75] Gallistl (wie Anm.5), S. 131.
[76] Gallistl (wie Anm.5), S. 131.

Haus errichtet." [77]

Aufgrund dieser Bedeutung als Weltmitte wurde das Kreuz schon früh mit dem Lebensbaum gleichgesetzt, der im alten Testament an der Quelle der vier Ströme in der Mitte des Paradieses aufwuchs. [78] Auf diesen Lebensbaum verweisen uns die vier allegorischen Figuren der Paradiesflüsse mit Wasserkrügen an den Ecken der Grundplatte.

4. Die Romidee

Aber dieses große Symbol weist auch seine besondere Bedeutung als Siegeszeichen Christi hin. [79] Dieser Akzent wird vor allem im Bronzekruzifix spürbar. Auf dieser Säule stehend, die nach dem Vorbild der römischen Triumphsäule gearbeitet ist, muss das Kreuz vor allem als Sieges- und Triumphzeichen erscheinen. [80] Im Zusammenhang mit dem Zitat des römischen Kaisermonuments erinnert das Säulenkreuz dabei insbesondere an die Funktion des kaiserlichen Herrschaftszeichens, die das Kreuz Christi durch Kaiser Konstantin bekommen hatte. [81] Dass dabei die Herrschaft des Kaisers im Symbol mit dem Triumph Christi verbunden erscheint, ist aus der mittelalterlichen Überzeugung verständlich, die in der irdischen Herrschermacht ein Abbild der Weltherrschaft Christi sah. [82] Schon durch die Wahl der römischen Kaisersäulen als Vorbild, stellt der Auftraggeber der Christussäule sein großes politisches Leitbild vor Augen: die Romidee. [83] Die Ottonen, die in der Nachfolge der karolingischen Herrscher diesen Gedanken der „Erneuerung" wieder verstärkt aufgriffen, rückten immer mehr die alte Metropole Rom in den Mittelpunkt und erkoren die Römer zum idealen Staatsvolk ihres „idealen Imperiums". [84] Galt doch das römische Reich in der Legende – auch Augustinus folgt im „Gottesstaat" diesem Gedanken – als die letzte Herrschaft der Menschheit, mit deren Ende auch das Ende der Welt anbrechen sollte, so wollte Otto als Kaiser in Rom selbst residieren und dort auch die Obergewalt über den Papst ausüben. [85] Ruft der Typus der Triumphsäule mit der Reliefspirale also das Bild des größten Königs hervor, der die Grenzen des Reiches auf das Äußerste erweitert hatte, so stellt das Kreuz auf der Spitze der Christussäule

---

[77] Ludwig Schade, Des heiligen Kirchenvaters Eusebius Hieronymus ausgewählte Schriften / aus dem Lateinischen übers. von Ludwig Schade. (Des heiligen Kirchenvaters Hieronymus ausgewählte Schriften Bd. 1, Bibliothek der Kirchenväter, 1. Reihe, Bd 52, München 1914.

[78] Gallistl (wie Anm.5), S. 131.

[79] Gallistl (wie Anm.5), S. 132.

[80] Gallistl (wie Anm.5), S. 132.

[81] Gallistl (wie Anm.5), S. 132.

[82] Gallistl (wie Anm.5), S. 132.

[83] Gallistl (wie Anm.5), S. 132.

[84] Gallistl (wie Anm.5), S. 132.

[85] Gallistl (wie Anm.5), S. 132.

einen Bezug zu Konstantin her, der seine Herrschaft über Rom unter dem Feldzeichen des Kreuzes errungen hatte.[86] Dieses Siegeszeichen des Kreuzes, das ihm der Legende nach zuerst als Vision oder im Traum erschienen war, hatte Konstantin später in seiner Stadt Konstantinopel auf einer Säule aufgestellt.[87] Bernwards Kunst- und Architekturschaffen insgesamt spiegeln also sein Bemühen wider, seiner Bischofsstadt im Rahmen des von den Sachsenkaisern erneuerten christlichen Imperium Romanum die Stellung eines nordischen Rom zu geben und zugleich den Herrschern in Christus das Vorbild eines gerechten und gottverbundenen Königtums vor Augen zu stellen. Nicht zufällig wird auf der Christussäule das Drama um die Hinrichtung Johannes des Täufers mit dem schwachen und ungerechten König Herodes in auffallender Breite dargestellt. Manches weist aber darauf hin, dass Bernwards Anliegen doch in erster Linie ein spirituelles gewesen ist.[88] Es geht hier also vermutlich nicht nur darum, einen Herrscher von der göttlichen Weltherrschaft her zu legitimieren,[89] die gewohnten Zeichen irdischen Herrschertums sollen dazu dienen, die Größe der ewigen Weltherrschaft Christi in greifbare Bilder zu fassen.[90] So ist der tragende Gedanke im Bildprogramm der Christussäule die königliche Messiasherrschaft, die im Leben Christi zur Offenbarung gelangt.[91] Die irdischen Machthaber, gleich, ob weltlicher oder priesterlich, zeigen sich dabei stets als diejenigen, die sich diesem Königtum Christi entgegensetzen.[92] Das Königtum Christi hingegen manifestiert sich nie von der Seite der Macht her, sondern von der rettenden Liebe zu den Brüdern und der Bereitschaft zum eigenen Leiden.[93] Das Friedensreich Christi, das der Biograph Bernwards für die Legitimierung der kaiserlichen Machtansprüche anstrengt, ist der biblischen Aussage nach "nicht von dieser Welt" und entfaltet sich auf anderer Ebene, als irdische Herrschergelüste dies tun. Das Bildprogramm der Christussäule allein spricht schon dafür, dass Bernward um diese Wahrheit wusste.[94] Abgesehen von der technischen Leistung und die für ihre Zeit ganz ungewöhnliche Lebendigkeit und Bewegtheit ihrer halbplastisch herausgearbeiteten Figuren darf man nicht vergessen, wie viel Antikes sich auch auf dem Weg der mittelalterlichen Bildtradition bis in die bernwardinische Zeit bewahrt hatte.[95] Bereichert worden war diese Tradition noch durch die karolingische Renaissance, nicht weniger aber auch

---

[86] Gallistl (wie Anm.5), S. 132.

[87] Gallistl (wie Anm.5), S. 132.

[88] Gallistl (wie Anm.5), S. 132.

[89] Gallistl (wie Anm.5), S. 132.

[90] Gallistl (wie Anm.5), S. 132

[91] Gallistl (wie Anm.5), S. 132.

[92] Gallistl (wie Anm.5), S. 132

[93] Gallistl (wie Anm.5), S. 132.

[94] Gallistl (wie Anm.5), S. 132.

[95] Gallistl (wie Anm.5), S. 132.

durch die byzantinische Kunst, die ebenfalls antikes Erbe weiterführte und unter Theophano und Otto III. verstärkten Einfluss gewonnen hatte.[96] Auch fällt auf, dass bei Bernward antike Elemente häufiger auftreten als bei den Zeitgenossen. Bedenkt man, dass auch der Typus der Triumphsäule selbst direkt aus dem antiken Rom stammt, so kann man auch für einen Teil seiner anderen antiken Bildzitate vermuten, dass Bernward sie unmittelbar von dort übernommen hat. Die zentrale Szene des Schaftes, Christi Verklärung, ist zumindest ein byzantinisches Bildthema. Darin deutet sich auch die Tendenz zu einer neuen Renaissance an.[97]

---

[96] Gallistl (wie Anm.5), S. 132.
[97] Gallistl (wie Anm.5), S. 132.

Bibliografie

Bernhard Bruns, Die Bernwardsäule : Lebensbaum und Siegessäule, Hildesheim 1995

Bernhard Gallistl, Die Bernwardsäule und die Michaeliskirche zu Hildesheim, Hildesheim 1993.

Franz Dibelius, Die Bernwardstür zu Hildesheim, Strassburg 1907.

Heinz Josef Adamski, Die Christussäule im Dom zu Hildesheim, Hildesheim 1990.

Michael Brandt , Bernward von Hildesheim und das Zeitalter der Ottonen, in: Katalog der Ausstellung Hildesheim 1993, Hildesheim 1993.

Victor H. Elbern, Der Hildesheimer Dom : Architektur, Ausstattung, Patrozinien, Hildesheim 1973.

Victor H. Elbern, Dom und Domschatz in Hildesheim , Königstein im Taunus 1979.

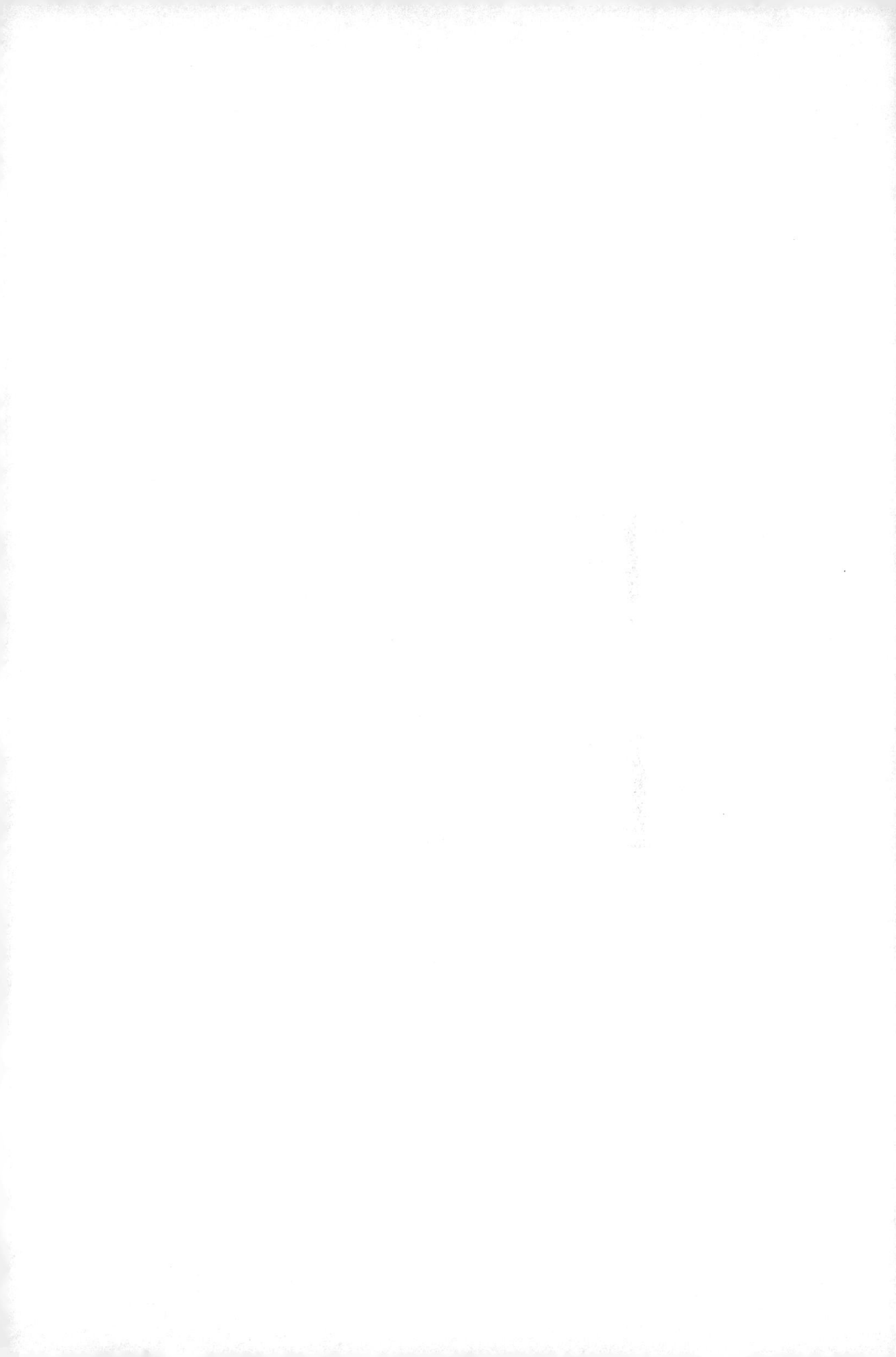